Impressum
Verlag: BABADADA GmbH, Nedderfeld 112 , 22529 Hamburg
Geschäftsführer / Verlagsleitung: Harald Hof
Druck: Books on Demand GmbH, In de Tarpen 42, 22848 Norderstedt

Imprint
Publisher: BABADADA GmbH, Nedderfeld 112 , 22529 Hamburg, Germany
Managing Director / Publishing direction: Harald Hof
Print: Books on Demand GmbH, In de Tarpen 42, 22848 Norderstedt, Germany

escola
Szkoła

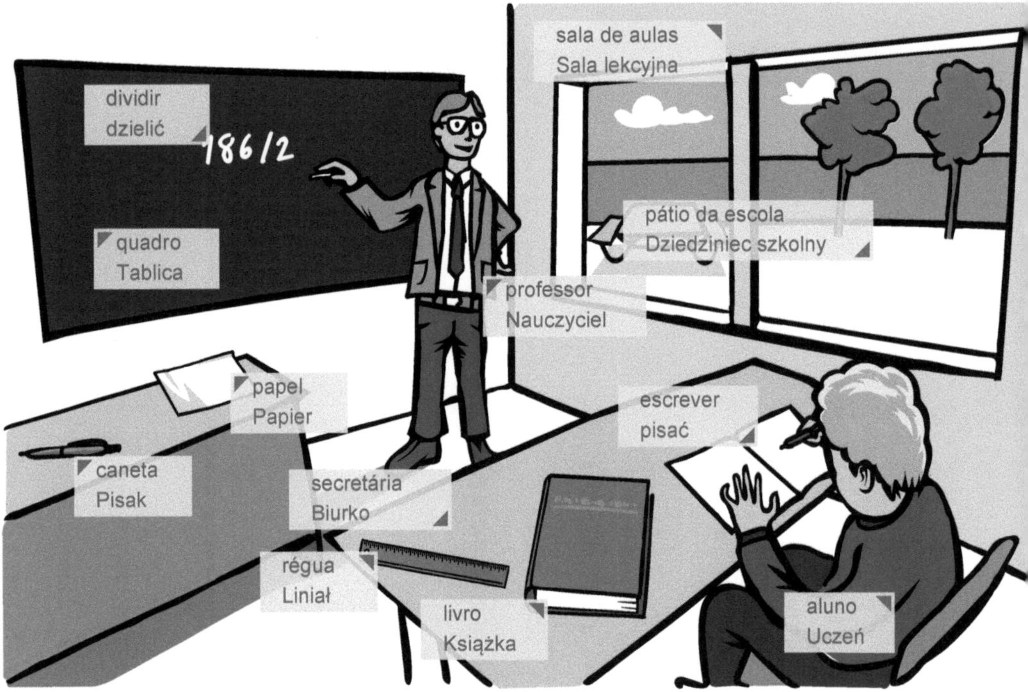
sala de aulas
Sala lekcyjna
dividir
dzielić
186/2
quadro
Tablica
pátio da escola
Dziedziniec szkolny
professor
Nauczyciel
papel
Papier
escrever
pisać
caneta
Pisak
secretária
Biurko
régua
Liniał
livro
Książka
aluno
Uczeń

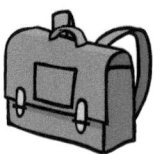

mochila

Plecak szkolny

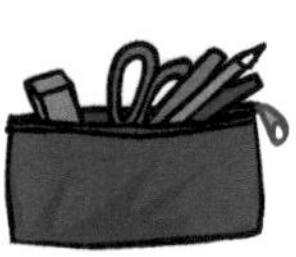

estojo de lápis

Piórnik

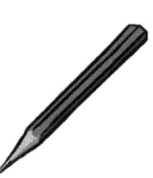

lápis

Ołówek

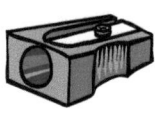

afia-lápis

Temperówka

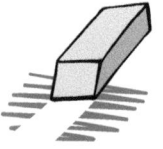

borracha

Gumka do mazania

bloco de desenho

Blok rysunkowy

desenho

Rysunek

pincel

Pędzel

caixa de tintas

Pudełko z akwarelami

tesoura

Nożyce

cola

Klej

livro de exercícios

Książka do ćwiczenia

trabalhos de casa

Zadanie domowe

número

Liczba

somar

dodawać

subtrair

odejmować

multiplicar

mnożyć

calcular

liczyć

letra

Litera

alfabeto

Alfabet

palavra

Słowo

texto

Tekst

ler

czytać

giz

Kreda

hora

Godzina

registo de presenças

Dziennik lekcyjny

exame

Egzamin

certificado

Świadectwo

uniforme escolar

Mundurek szkolny

educação

Wykształcenie

enciclopédia

Leksykon

universidade

Uniwersytet

microscópio

Mikroskop

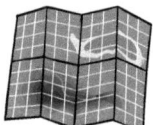

mapa

Mapa

cesto de lixo

Kosz na odpadki

viagem
Podróż

hotel
Hotel
Grand
hostel
Schronisko
ROOMS
EXCHANGE
casa de câmbio
Kantor wymiany walut
mala
Walizka
carro
Auto

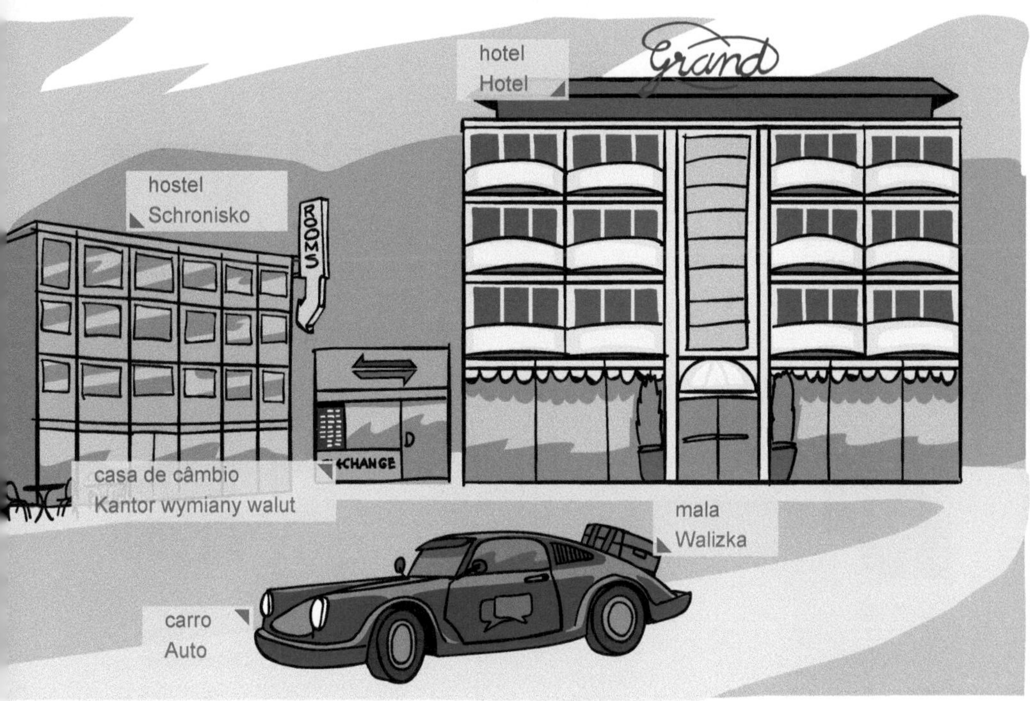

idioma

Język

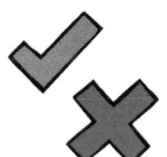

sim / não

tak / nie

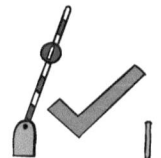

ok / certo / correto

OK

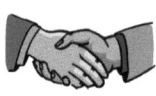

olá

Halo

intérprete

Tłumacz

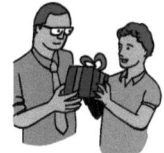

obrigado

Dziękuję

quanto é que custa... ?

Ile kosztuje ...?

não entendo

Nie rozumiem

problema

Problem

boa noite!

Dobry wieczór!

Bom dia!

Dzień dobry!

Boa noite!

Dobranoc!

adeus

Do widzenia

direção

Kierunek

bagagem

Bagaż

saco

Torba

mochila

Plecak

convidado

Gość

quarto

Pokój

saco-cama

Śpiwór

tenda

Namiot

informação turística

Informacja turystyczna

praia

Plaża

cartão de crédito

Karta kredytowa

pequeno-almoço

Śniadanie

almoço

Obiad

jantar

Kolacja

bilhete

Bilet

elevador

Winda

selo postal

Znaczek na list

fronteira

Granica

alfândega

Cło

embaixada

Ambasada

visto

Wiza

passaporte

Paszport

transporte
Transport

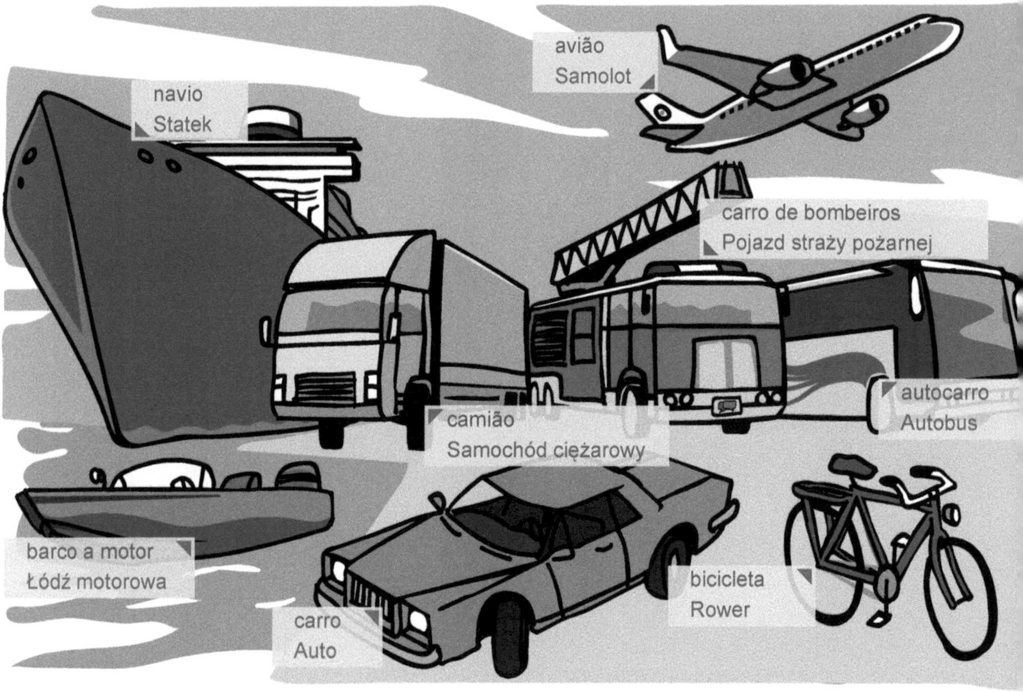

avião
Samolot
navio
Statek
carro de bombeiros
Pojazd straży pożarnej
autocarro
Autobus
camião
Samochód ciężarowy
barco a motor
Łódź motorowa
bicicleta
Rower
carro
Auto

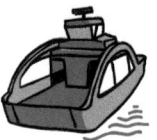

cacilheiro

Prom

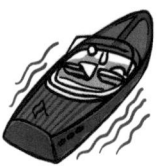

barco

Łódź

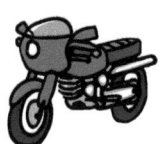

mota

Motocykl

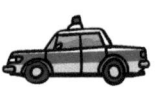

carro de polícia

Radiowóz policyjny

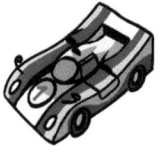

carro de corrida

Samochód wyścigowy

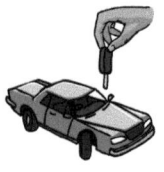

carro alugado

Samochód wypożyczony

carsharing

Wspólne przejazdy samochodem

camião de reboque

Samochód pomocy drogowej

camião do lixo

Śmieciarka

motor

Silnik

combustível

Benzyna

estação de serviço

Stacja benzynowa

sinal de trânsito

Znak drogowy

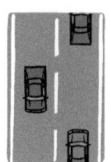

trânsito

Ruch

congestionamento de trânsito

Korek

parque de estacionamento

Parking

estação ferroviária

Dworzec

carris

Szyny

comboio

Pociąg

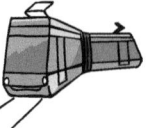

elétrico

Tramwaj

carruagem

Wagon

helicóptero

Helikopter

aeroporto

Lotnisko

torre

Wieża

passageiro

Pasażer

contentor

Kontener

caixa de papelão

Karton

carrinho

Taczka

cesto

Kosz

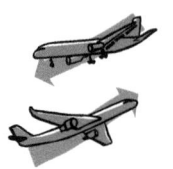

levantar voo / aterrar

startować / lądować

cidade

Miasto

aldeia

Wieś

centro da cidade

Centrum miasta

casa

Dom

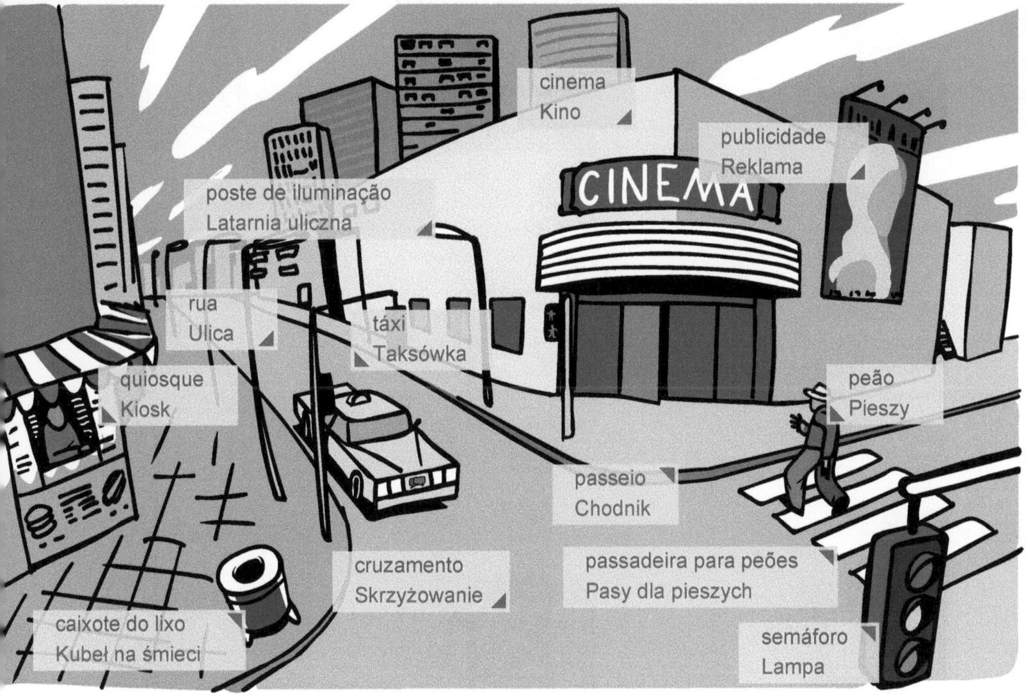

cinema
Kino

publicidade
Reklama

poste de iluminação
Latarnia uliczna

CINEMA

rua
Ulica

táxi
Taksówka

quiosque
Kiosk

peão
Pieszy

passeio
Chodnik

cruzamento
Skrzyżowanie

passadeira para peões
Pasy dla pieszych

caixote do lixo
Kubeł na śmieci

semáforo
Lampa

cabana
Chata

apartamento
Mieszkanie

estação ferroviária
Dworzec

câmara municipal
Ratusz

museu
Muzeum

escola
Szkoła

universidade

Uniwersytet

banco

Bank

hospital

Szpital

hotel

Hotel

farmácia

Apteka

escritório

Biuro

livraria

Księgarnia

loja

Sklep

florista

Kwiaciarnia

supermercado

Supermarket

mercado

Rynek

loja de departamentos

Dom towarowy

peixaria

Sklep z rybami

centro comercial

Centrum handlowe

porto

Port

parque

Park

banco

Ławka

ponte

Most

escadas

Schody

metro

Metro

túnel

Tunel

paragem de autocarro

Przystanek autobusowy

bar

Bar

restaurante

Restauracja

caixa de correio

Skrzynka na listy

sinal de trânsito

Tabliczka z nazwą ulicy

parquímetro

Parkometr

jardim zoológico

Zoo

piscina

Łaźnia

mesquita

Meczet

quinta

Gospodarstwo chłopskie

poluição

Zanieczyszczenie
środowiska

cemitério

Cmentarz

igreja

Kościół

parque infantil

Plac zabaw

templo

Świątynia

paisagem

Krajobraz

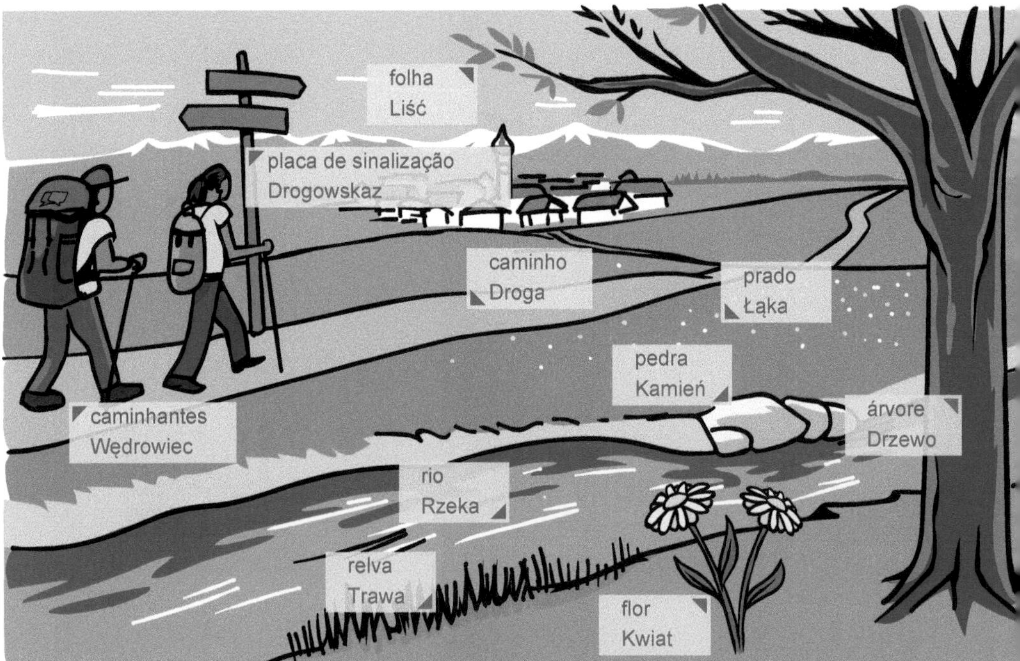

folha
Liść

placa de sinalização
Drogowskaz

caminho
Droga

prado
Łąka

pedra
Kamień

árvore
Drzewo

caminhantes
Wędrowiec

rio
Rzeka

relva
Trawa

flor
Kwiat

vale
Dolina

montanha
Góra

lago
Jezioro

floresta
Las

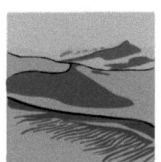

deserto
Pustynia

vulcão
Wulkan

castelo
Zamek

arco-íris
Tęcza

cogumelo
Grzyb

palma
Palma

mosquito
Komar

mosca
Mucha

formiga
Mrówka

abelha
Pszczoła

aranha
Pająk

besouro

Chrząszcz

sapo

Żaba

esquilo

Wiewiórka

ouriço

Jeż

lebre

Zając

coruja

Sowa

pássaro

Ptak

cisne

Łabędź

javali

Dzik

veado

Jeleń

alce

Łoś

barragem

Tama

turbina eólica

Wiatrak

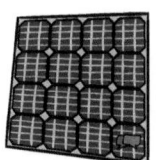

painel solar

Moduł solarny

clima

Klimat

restaurante
Restauracja

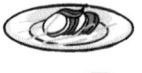

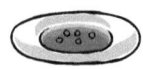

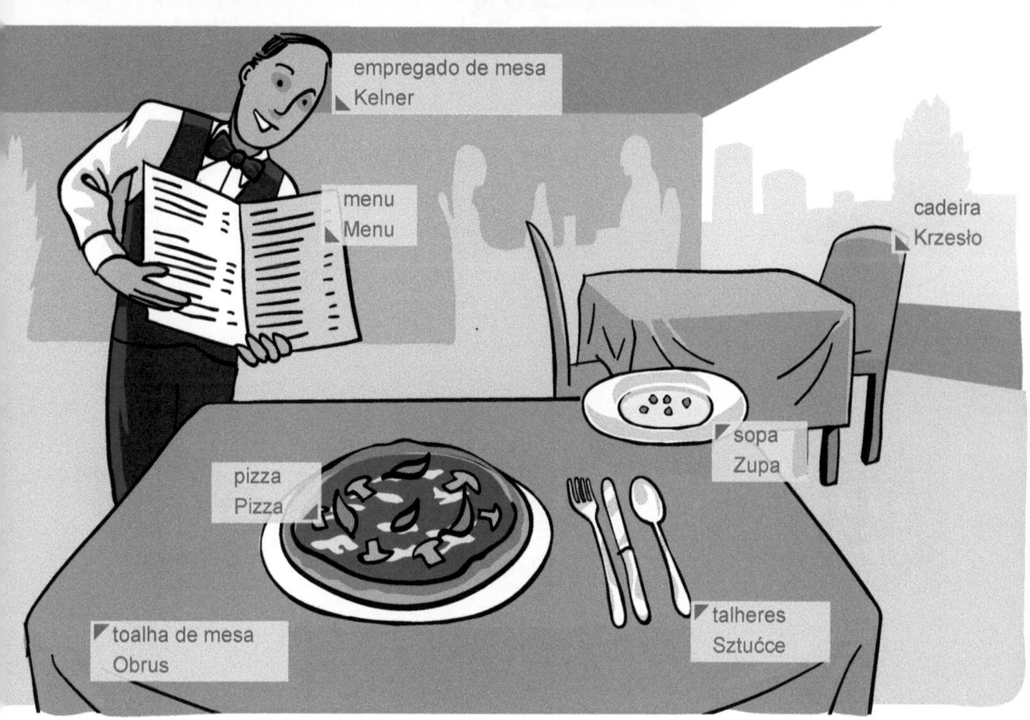

empregado de mesa
Kelner
menu
Menu
cadeira
Krzesło
sopa
Zupa
pizza
Pizza
toalha de mesa
Obrus
talheres
Sztućce

entrada

Przystawka

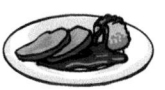

prato principal

Danie główne

sobremesa

Deser

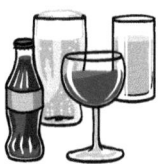

bebidas

Napoje

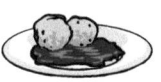

comida

Jedzenie

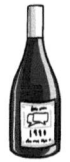

garrafa

Butelka

fast food
Fastfood

comida de rua
Streetfood

bule de chá
Dzbanek na herbatę

açucareiro
Cukierniczka

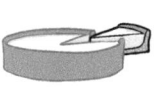

porção
Porcja

máquina de café expresso
Zaparzarka do espresso

cadeira alta
Krzesło dla dziecka

conta
Rachunek

bandeja
Taca

faca
Nóż

garfo
Widelec

colher
Łyżka

colher de chá
Łyżeczka

guardanapo
Serwetka

copo
Szklanka

restaurante - Restauracja

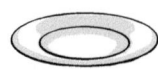

prato

Talerz

prato de sopa

Talerz do zupy

pires

Podstawek pod filiżankę

molho

Sos

saleiro

Solniczka

moinho de pimenta

Młynek do pieprzu

vinagre

Ocet

óleo

Olej

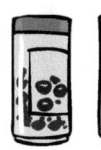

especiarias

Przyprawy

ketchup

Keczup

mostarda

Musztarda

maionese

Majonez

supermercado
Supermarket

oferta especial
Oferta
FOR
cliente
Klient
laticínios
Produkty mleczne
fruta
Owoce
carrinho de compras
Wózek sklepowy

BUTCHERS

talho

Rzeźnia

BAKERY

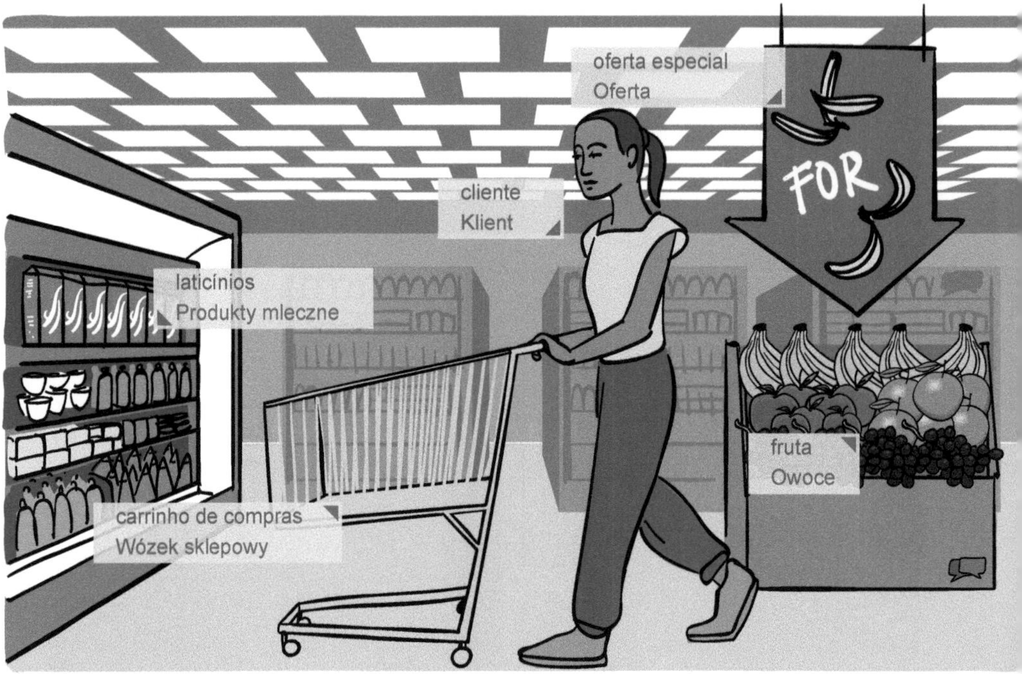

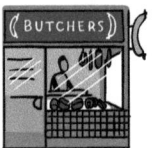

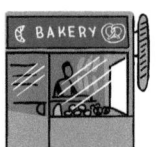

padaria

Piekarnia

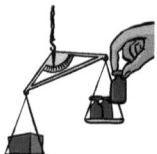

pesar

ważyć

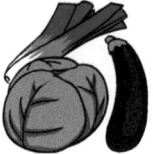

vegetais

Warzywa

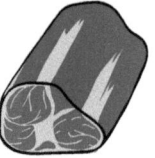

carne

Mięso

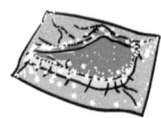

alimentos congelados

Mrożonki

charcutaria

Wędliny

comida enlatada

Konserwy

detergente em pó

Proszek m do prania

doces

Słodycze

artigos domésticos

Artykuły użytku domowego

produtos de limpeza

Środek czyszczący

vendedora

Sprzedawczyni

caixa

Kasa

caixa

Kasjer

lista de compras

Lista zakupów

horário de funcionamento

Godziny otwarcia

carteira

Portfel

cartão de crédito

Karta kredytowa

saco

Torba

saco de plástico

Torebka plastikowa

água

Woda

sumo

Sok

leite

Mleko

coca-cola

Cola

vinho

Wino

cerveja

Piwo

álcool

Alkohol

cacau

Kakao

chá

Herbata

café

Kawa

café expresso

Espresso

capuccino

Cappuccino

banana

Banan

maçã

Jabłko

laranja

Pomarańcza

melão

Arbuz

limão

Cytryna

cenoura

Marchew

alho

Czosnek

bambu

Bambus

cebola

Cebula

cogumelo

Grzyb

nozes

Orzechy

talharim

Makaron

esparguete

Spaghetti

arroz

Ryż

salada

Sałatka

batatas fritas

Frytki

batatas fritas

Ziemniaki pieczone

pizza

Pizza

hambúrguer

Hamburger

sanduíche

Kanapka

bife panado

Sznycel

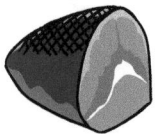

fiambre

Szynka

salame

Salami

salsicha

Kiełbasa

galinha

Kura

assado

Pieczeń

peixe

Ryba

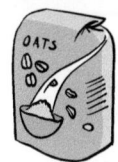

flocos de aveia

Płatki owsiane

muesli

Musli

flocos de milho

Płatki kukurydziane

farinha

Mąka

croissant

Croissant

carcaça (pãozinho)

Bułka

pão

Chleb

torrada

Toast

biscoitos

Ciastka

manteiga

Masło

requeijão

Twarożek

bolo

Ciasto

ovo

Jajko

ovo estrelado

Jajko sadzone

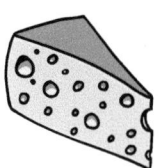

queijo

Ser

gelado

Lody

açúcar

Cukier

mel

Miód

compota

Marmolada

creme de nougat

Krem nugatowy

caril

Curry

quinta

Gospodarstwo chłopskie

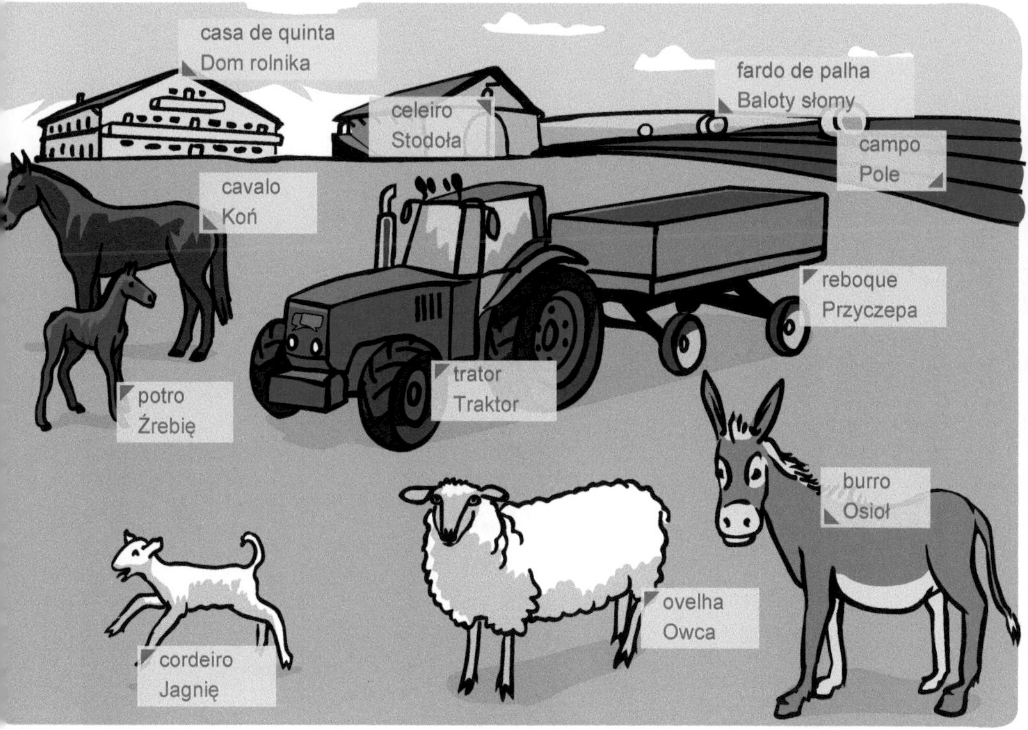
casa de quinta
Dom rolnika
celeiro
Stodoła
fardo de palha
Baloty słomy
campo
Pole
cavalo
Koń
reboque
Przyczepa
trator
Traktor
potro
Źrebię
burro
Osioł
ovelha
Owca
cordeiro
Jagnię

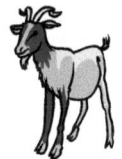

cabra

Koza

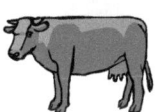

vaca

Krowa

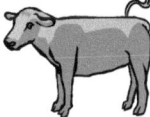

bezerro

Cielę

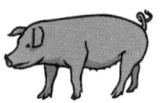

porco

Świnia

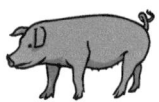

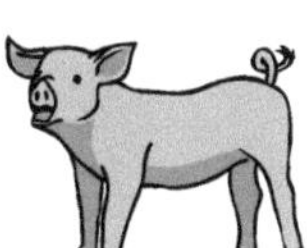

leitão

Prosię

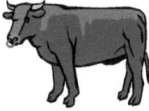

touro

Byk

ganso

Gęś

pato

Kaczka

pintaínho

Kurczątko

galinha

Kura

galo

Kogut

ratazana

Szczur

gato

Kot

rato

Mysz

boi

Osioł

cão

Pies

casota

Buda dla psa

mangueira de jardim

Wąż ogrodowy

regador

Konewka

foice

Kosa

arado

Pług

foice

Sierp

enxada

Graca

forquilha

Widły

machado

Siekiera

carrinho de mão

Taczka

manjedoura

Koryto

jarro de leite

Kanka na mleko

saco

Worek

cerca

Płot

estábulo

Stajnia

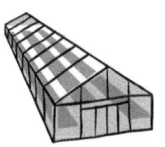

estufa

Szklarnia

solo

Ziemia

semente

Nasiona

fertilizante

Nawóz

ceifeira-debulhadora

Kombajn zbożowy

colher
....
zbierać

colheita
....
Żniwa

inhame
....
Podchrzyn

trigo
....
Pszenica

soja
....
Soja

batata
....
Ziemniak

milho
....
Kukurydza

colza
....
Rzepak

árvore de fruto
....
Drzewo owocowe

mandioca
....
Maniok

cereais
....
Zboże

casa
Dom

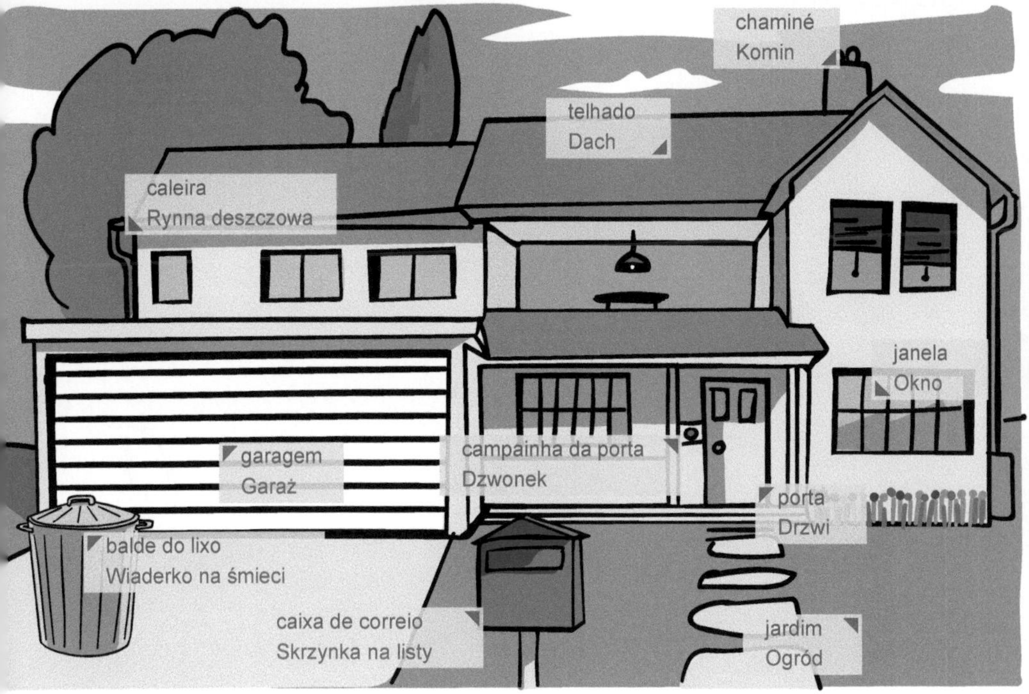
chaminé
Komin
telhado
Dach
caleira
Rynna deszczowa
janela
Okno
garagem
Garaż
campainha da porta
Dzwonek
porta
Drzwi
balde do lixo
Wiaderko na śmieci
caixa de correio
Skrzynka na listy
jardim
Ogród

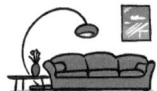

sala de estar

Pokój dzienny

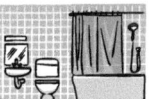

casa de banho

Łazienka

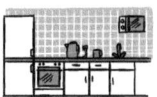

cozinha

Kuchnia

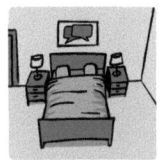

quarto de dormir

Sypialnia

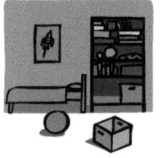

quarto de criança

Pokój dziecięcy

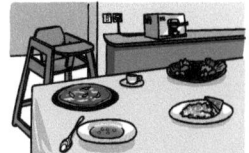

sala de jantar

Jadalnia

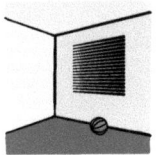

chão

Ziemia

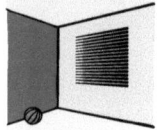

parede

Ściana

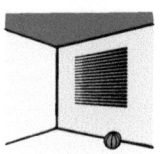

teto

Koc

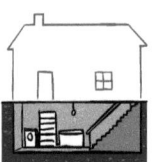

cave

Piwnica

sauna

Sauna

varanda

Balkon

terraço

Taras

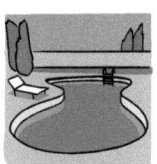

piscina

Basen

máquina de cortar relvado

Kosiarka do trawy

lençol

Poszwa

cobertor

Kołdra

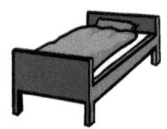

cama

Łóżko

vassoura

Miotła

balde

Wiadro

interruptor

Włącznik

sala de estar
Pokój dzienny

papel de parede
Tapeta
imagem
Obraz
lâmpada
Lampa
prateleira
Regał
armário
Szafa
televisão
Telewizor
lareira
Komin
flor
Kwiat
almofada
Poduszka
sofá
Kanapa
vaso
Wazon
controlo remoto
Pilot

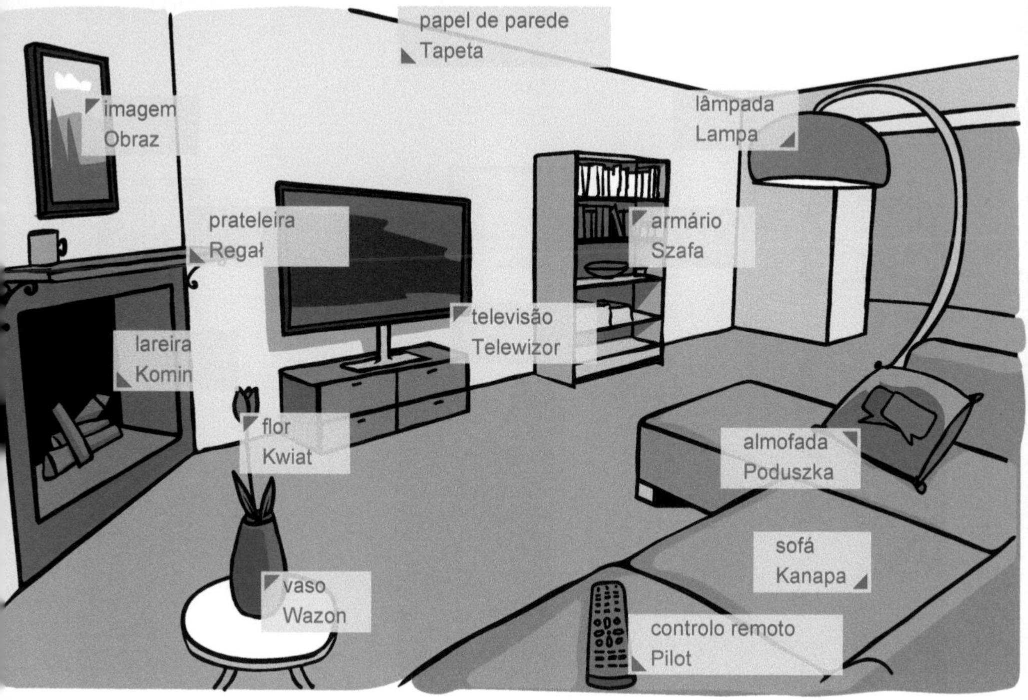

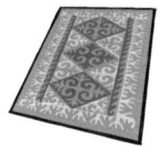

tapete

Dywan

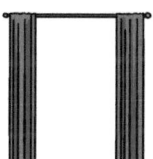

cortina

Zasłona

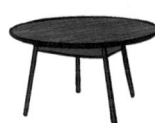

mesa

Stół

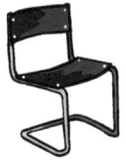

cadeira

Krzesło

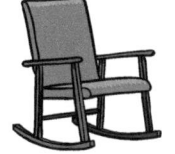

cadeira de baloiço

Bujak

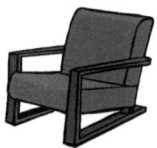

poltrona

Fotel

livro

Książka

cobertor

Sufit

decoração

Dekoracja

lenha

Drewno kominkowe

filme

Film

sistema estéreo

Instalacja stereo

chave

Klucz

jornal

Gazeta

pintura

Malunek

póster

Plakat

rádio

Radio

bloco de notas

Notatnik

aspirador

Odkurzacz

cato

Kaktus

vela

Świeczka

cozinha
Kuchnia

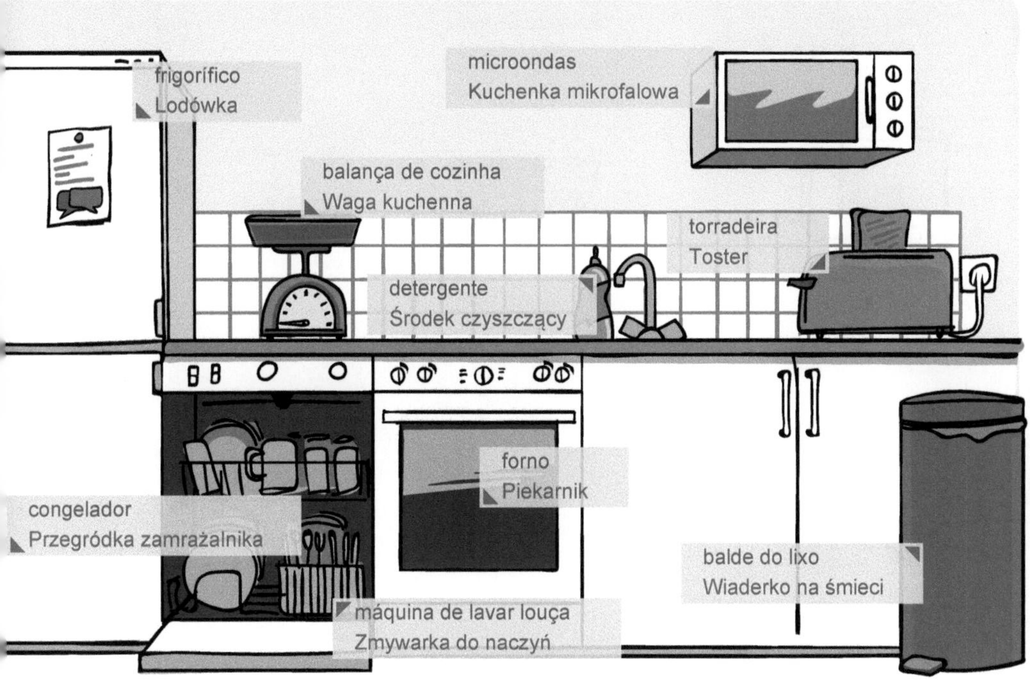

frigorífico
Lodówka
microondas
Kuchenka mikrofalowa
balança de cozinha
Waga kuchenna
torradeira
Toster
detergente
Środek czyszczący
forno
Piekarnik
congelador
Przegródka zamrażalnika
balde do lixo
Wiaderko na śmieci
máquina de lavar louça
Zmywarka do naczyń

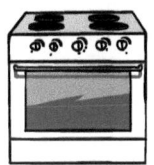

fogão
Kuchenka

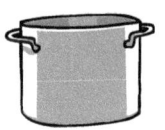

panela
Garnek

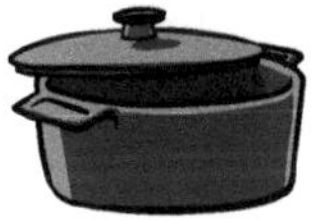

panela de ferro
Kocioł żeliwny

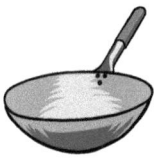

wok / kadai
Wok / Kadai

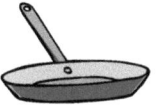

frigideira
Patelnia

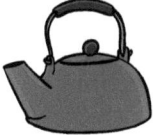

chaleira
Czajnik

panela a vapor

Parowar

tabuleiro de forno

Blacha do pieczenia

louça

Naczynia kuchenne

caneca

Kubek

tigela

Miska

pauzinhos

Pałeczki

concha de sopa

Nabierka

espátula

Łopatka do smażenia

batedor de claras

Trzepaczka do śmietany

escorredor

Cedzak

peneira

Sitko

ralador

Tarka

almofariz

Moździerz

churrasqueira

Grillowanie

lareira

Palenisko

tábua de cortar
Deska

rolo da massa
Wałek do ciasta

saca-rolhas
Korkociąg

lata
Puszka

abridor de latas
Otwieracz do puszek

luvas de forno
Ściereczka do trzymania garnka

lava-loiça
Umywalka

escova
Szczotka

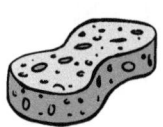

esponja
Gąbka

liquidificador
Mikser

arca frigorífica
Zamrażarka

biberão
Butelka dla niemowlęcia

torneira
Kran

casa de banho
Łazienka

aquecimento
Ogrzewanie
toalha
Ręcznik
chuveiro
Prysznic
cortina de chuveiro
Kotara prysznicowa
banho de espuma
Płyn do kąpieli
banheira
Wanna kąpielowa
copo
Szklanka
máquina de lavar roupa
Pralka
torneira
Kran
azulejos
Kafelki
penico
Nocnik
lava-loiça
Umywalka

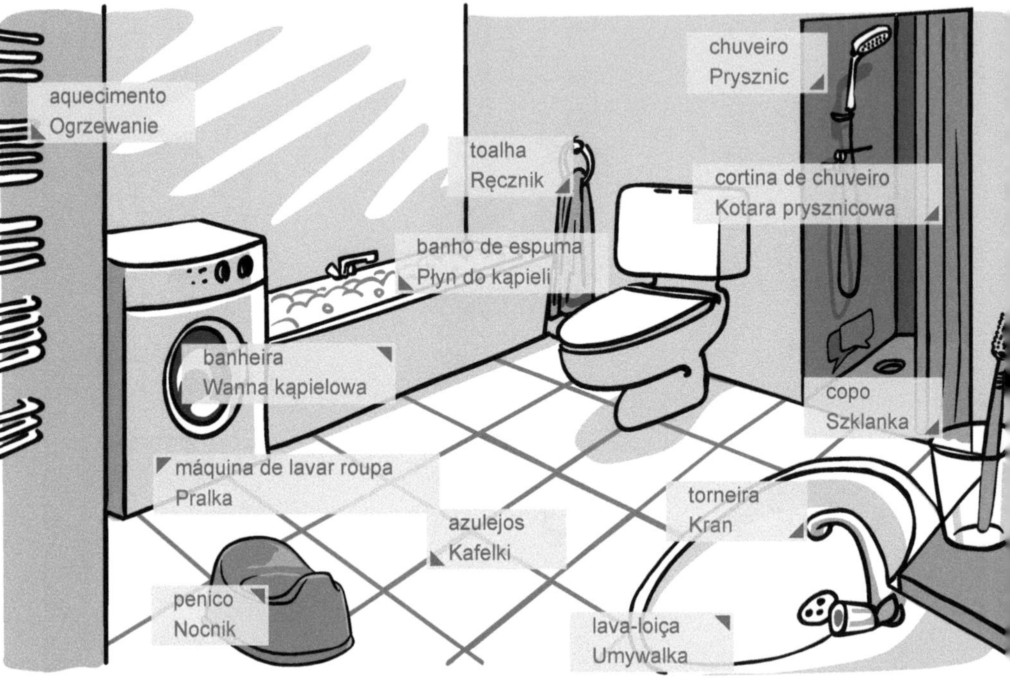

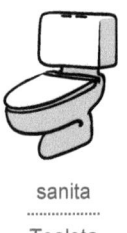

sanita

Toaleta

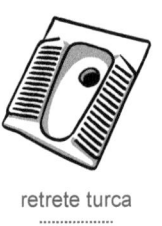

retrete turca

Toaleta kuczna

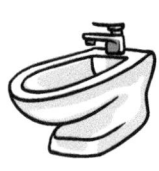

bidé

Bidet

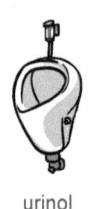

urinol

Pisuar

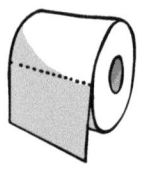

papel higiénico

Papier toaletowy

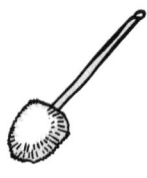

piaçaba

Szczotka toaletowa

escova de dentes

Szczoteczka do zębów

pasta de dentes

Pasta do zębów

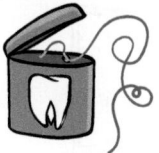

fio dentário

Nitki do czyszczenia zębów

lavar

myć

chuveiro de mão

Głowica prysznicowa

duche íntimo

Płyn kąpielowy do higieny intymnej

bacia

Miska do mycia

escova para as costas

Szczotka kąpielowa

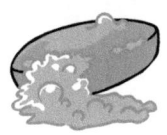

sabonete

Mydło

gel de banho

Żel prysznicowy

champô

Szampon

toalha de rosto

Rękawica kąpielowa

escoamento

Odpływ

creme

Krem

desodorizante

Dezodorant

espelho

Lustro

espelho de mão

Lustro kosmetyczne

máquina de barbear

Golarka

creme de barbear

Pianka do golenia

loção pós-barba

Woda po goleniu

pente

Grzebień

escova

Szczotka

secador de cabelo

Suszarka do włosów

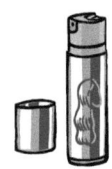

spray de cabelo

Spray do włosów

maquilhagem

Makijaż

batom

Pomadka

verniz de unhas

Lakier do paznokci

algodão

Wata

tesoura para unhas

Nożyczki do paznokci

perfume

Perfum

nécessaire

Kosmetyczka

tamborete

Taboret

balança

Waga

roupão de banho

Szlafrok kąpielowy

luvas de borracha

Rękawice gumowe

tampão

Tampon

penso higiénico

Podpaska damska

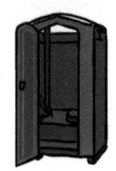

WC químico

Toaleta chemiczna

quarto de criança
Pokój dziecięcy

despertador
Budzik
peluche
Pluszowa przytulanka
carro de brincar
Samochodzik
chocalho
Grzechotka
casa de bonecas
Domek dla lalek
presente
Prezent

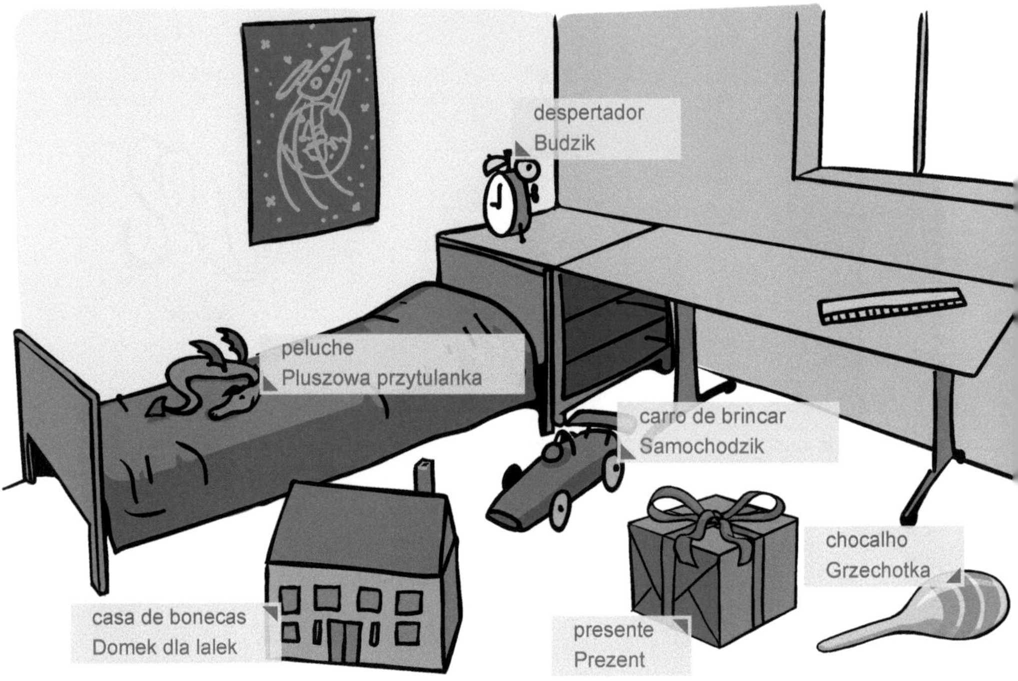

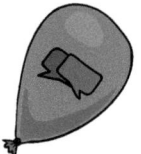

balão

Balon

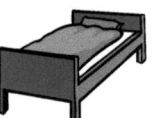

cama

Łóżko

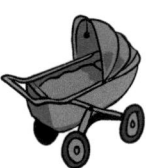

carrinho de bebé

Wózek dziecięcy

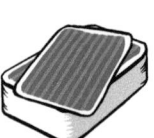

jogo de cartas

Gra w karty

quebra-cabeças

Puzzle

SUPER
MEGA

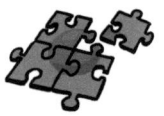

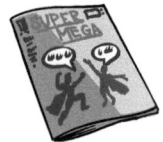

banda desenhada

Komiks

peças de Lego

Klocki lego

blocos de construção

Klocki

figura de ação

Action figura

fato de bebé

Śpioszek dziecięcy

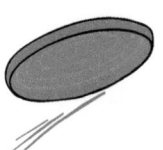

Frisbee

Frisbee

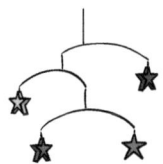

móbile para bebé

Zabawki ruchome

jogo de tabuleiro

Gra planszowa

dados

Kości

pista de comboio elétrico

Kolejka elektryczna

chupeta

Smoczek

festa

Przyjęcie

livro ilustrado

Książka z ilustracjami

bola

Piłka

boneca

Lalka

jogar

bawić się

caixa de areia

Piaskownica

baloiço

Huśtawka

brinquedos

Zabawki

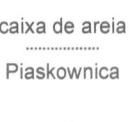

consola de jogos

Konsola do gier

triciclo

Rowerek trójkołowy

ursinho de peluche

Pluszowy miś

guarda-roupa

Szafa ubraniowa

vestuário

Ubiór

meias

Skarpety

meias pelo joelho

Pończochy

meias-calças

Rajstopy

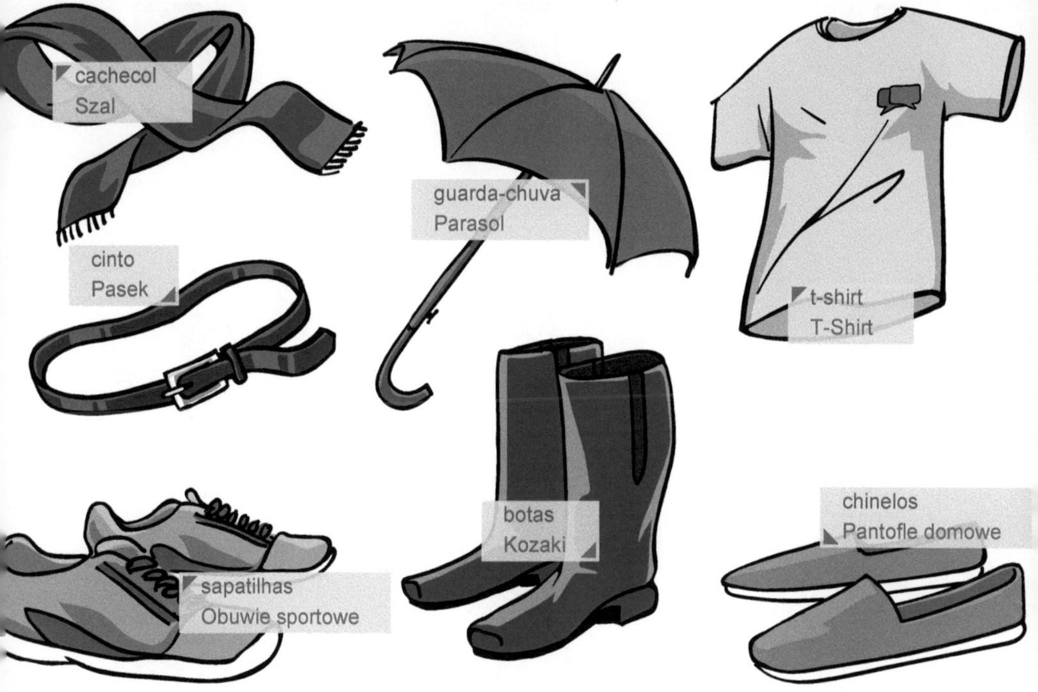

cachecol
Szal

guarda-chuva
Parasol

t-shirt
T-Shirt

cinto
Pasek

botas
Kozaki

chinelos
Pantofle domowe

sapatilhas
Obuwie sportowe

sandálias
....
Sandały

sapatos
....
Buty

botas de borracha
....
Kalosze

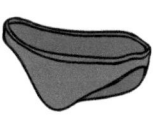

cuecas
....
Majtki

sutiã
....
Biustonosz

camisola interior
....
Podkoszulek

body

Body

calças

Spodnie

calças de ganga

Dżins

saia

Spódnica

blusa

Bluzka

camisa

Koszula

pulôver

Pulower

camisola com capuz

Bluza sportowa

blazer

Marynarka

casaco

Kurtka

manto

Płaszcz

gabardina

Płaszcz przeciwdeszczowy

traje

Kostium

vestido

Sukienka

vestido de casamento

Suknia ślubna

fato

Garnitur męski

camisa de dormir

Koszula nocna

pijama

Piżama

sari

Sari

lenço de cabeça

Chusta na głowę

turbante

Turban

burca

Burka

cafetã

Kaftan

abaya

Abaya

fato de banho

Strój kąpielowy

calções de banho

Kąpielówki

calções

Krótkie spodnie

fato de treino

Dres sportowy

avental

Fartuch

luvas

Rękawiczki

botão

Guzik

óculos

Okulary

pulseira

Bransoletka

colar

Łańcuszek

anel

Pierścionek

brinco

Kolczyk

boné

Czapka

cabide

Wieszak

chapéu

Kapelusz

gravata

Krawat

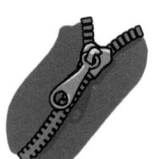

fecho de correr

Zamek błyskawiczny

capacete

Kask

suspensórios

Szelki

uniforme escolar

Mundurek szkolny

uniforme

Mundur

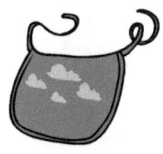

babete

Śliniaczek

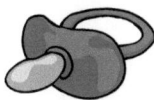

chupeta

Smoczek

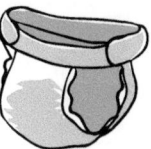

fralda

Pieluszka

escritório
Biuro

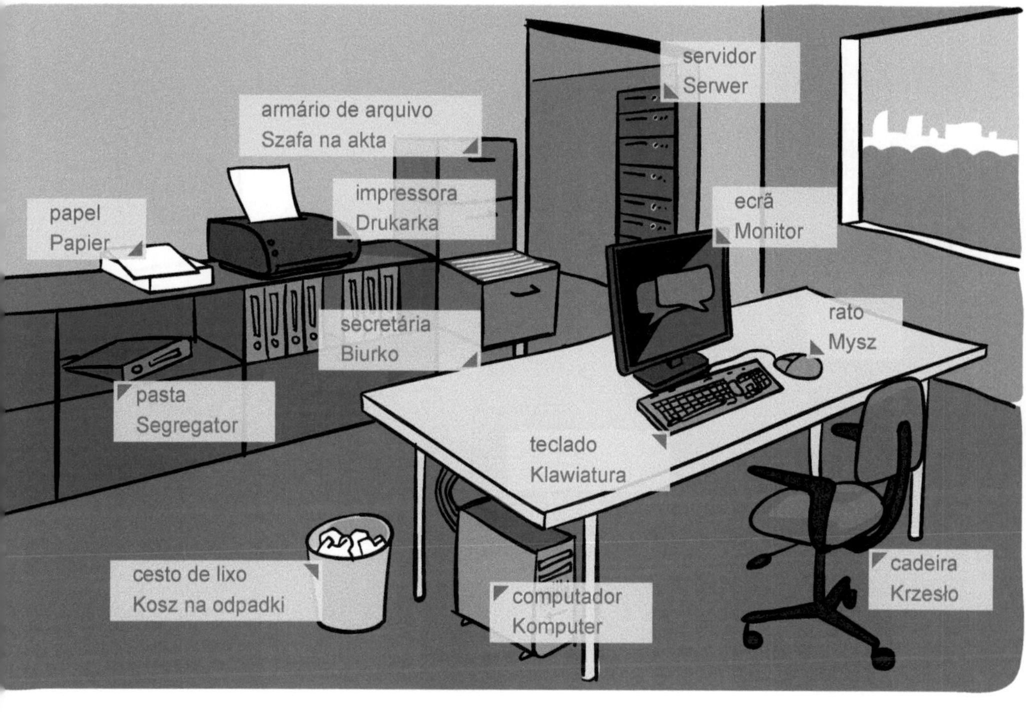

servidor
Serwer
armário de arquivo
Szafa na akta
impressora
Drukarka
papel
Papier
ecrã
Monitor
secretária
Biurko
rato
Mysz
pasta
Segregator
teclado
Klawiatura
cesto de lixo
Kosz na odpadki
cadeira
Krzesło
computador
Komputer

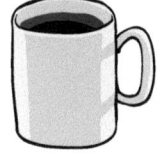

caneca de café

Filiżanka do kawy

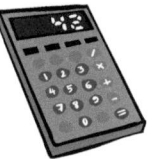

calculadora

Kalkulator

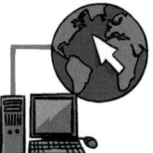

internet

Internet

computador portátil	carta	mensagem
Laptop	List	Wiadomość

telemóvel	rede	fotocopiadora
Komórka	Sieć	Kopiarka

software	telefone	tomada elétrica
Oprogramowanie	Telefon	Gniazdko
	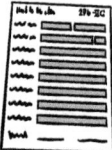	
fax	formulário	documento
Faks	Formularz	Dokument

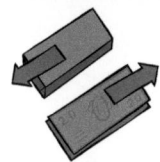

comprar
kupić

pagar
płacić

negociar
postępować

dinheiro
Pieniądze

dólar
Dolar

euro
Euro

yen
Jen

rublo
Rubel

franco suíço
Frank

renminbi yuan
Juan Renminbi

rupia
Rupia

caixa de multibanco
Bankomat

casa de câmbio

Kantor wymiany walut

ouro

Złoto

prata

Srebro

petróleo

Olej

energia

Energia

preço

Cena

contrato

Umowa

imposto

Podatek

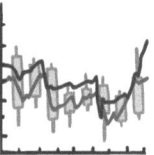

ação

Akcja

trabalhar

pracować

empregado

Pracownik umysłowy

entidade patronal

Pracodawca

fábrica

Fabryka

loja

Sklep

agricultura - Gospodarka

agente da polícia
Policjant

bombeiro
Strażak

cozinheiro
Kucharz

médico
Lekarz

piloto
Pilot

jardineiro
Ogrodnik

carpinteiro
Stolarz

costureira
Krawcowa

juiz
Sędzia

químico
Chemik

ator
Aktor

motorista de autocarro

Kierowca autobusu

motorista de táxi

Taksówkarz

pescador

Fischer

empregada de limpeza

Sprzątaczka

telhador

Dekarz

empregado de mesa

Kelner

caçador

Myśliwy

pintor

Malarz

padeiro

Piekarz

eletricista

Elektryk

construtor

Robotnik budowlany

engenheiro

Inżynier

talhante

Rzeźnik

canalizador

Instalator

carteiro

Listonosz

soldado

Żołnierz

arquiteto

Architekt

caixa

Kasjer

florista

Florysta

cabeleireiro

Fryzjer

controlador de bilhetes

Konduktor

mecânico

Mechanik

capitão

Kapitan

dentista

Dentysta

cientista

Naukowiec

rabino

Rabin

imã

Imam

monge

Mnich

pastor

Proboszcz

ferramentas
Narzędzia

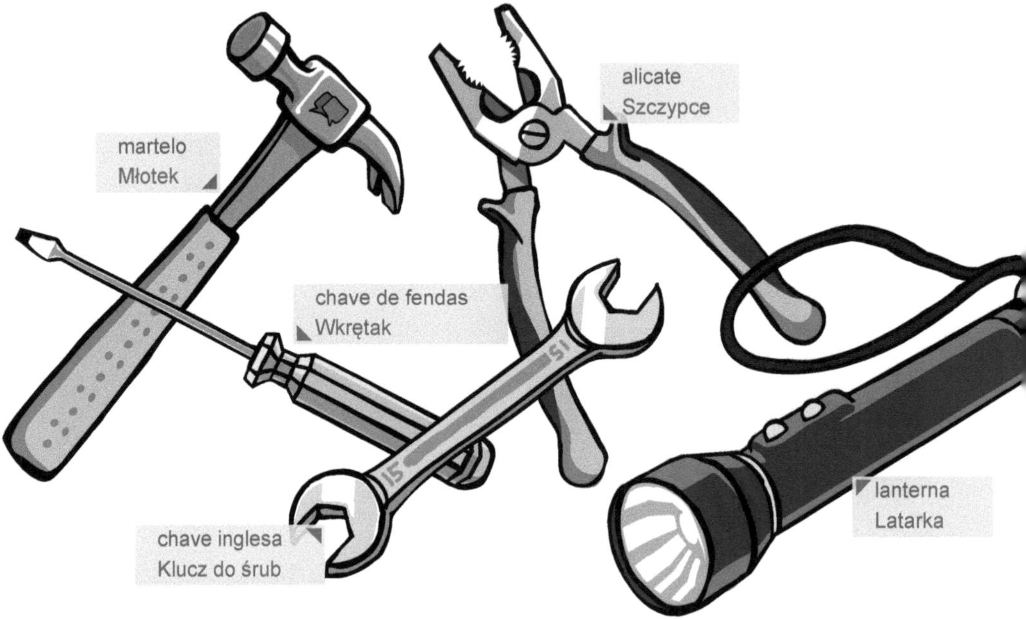

martelo
Młotek
alicate
Szczypce
chave de fendas
Wkrętak
chave inglesa
Klucz do śrub
lanterna
Latarka

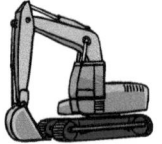

escavadora

Koparka

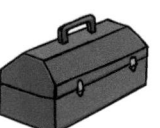

caixa de ferramentas

Skrzynka narzędziowa

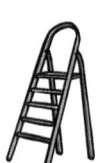

escadote

Drabina

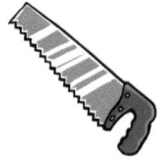

serra

Piła

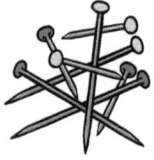

pregos

Gwoździe

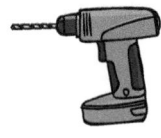

broca

Wiertło

reparar
....
naprawić

pá
....
Łopatka

porcaria!
....
Cholera!

pá de lixo
....
Szufelka

pote de tinta
....
Puszka z farbą

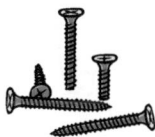

parafusos
....
Śruby

instrumentos musicais
Instrumenty muzyczne

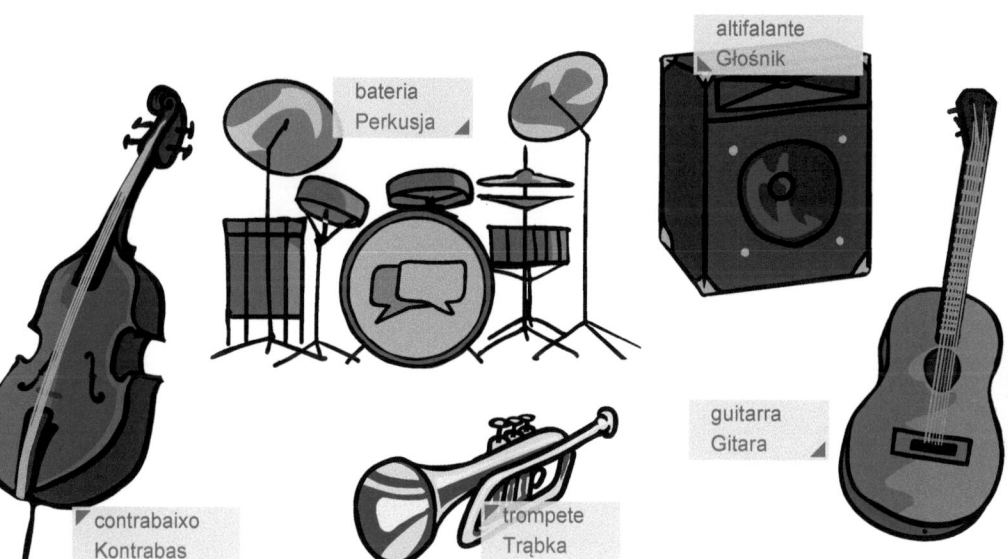

altifalante
Głośnik

bateria
Perkusja

guitarra
Gitara

contrabaixo
Kontrabas

trompete
Trąbka

piano

Pianino

violino

Skrzypce

baixo

Bas

timbales

Kotły

tambor

Bęben

teclado

Keyboard

saxofone

Saksofon

flauta

Flet

microfone

Mikrofon

jardim zoológico
Zoo

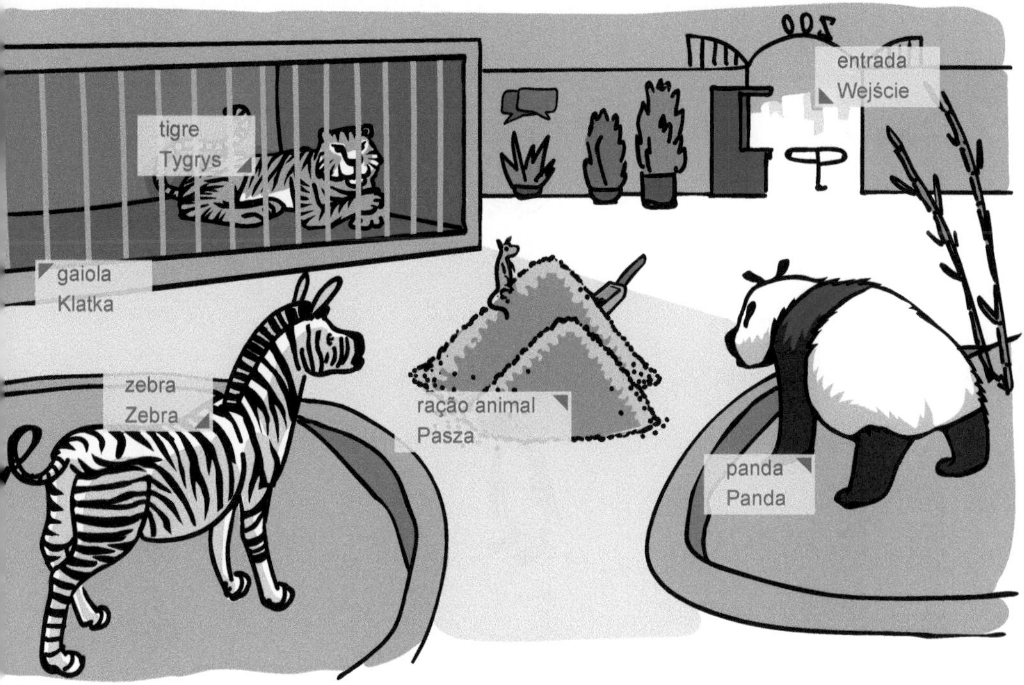
tigre
Tygrys
entrada
Wejście
gaiola
Klatka
zebra
Zebra
ração animal
Pasza
panda
Panda

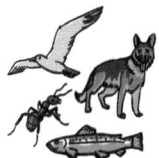

animais

Zwierzęta

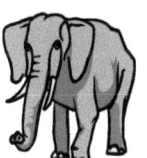

elefante

Słoń

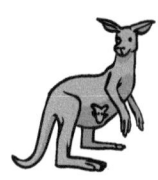

canguru

Kangur

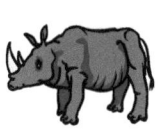

rinoceronte

Nosorożec

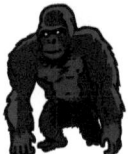

gorila

Goryl

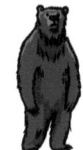

urso

Niedźwiedź

camelo

Wielbłąd

avestruz

Struś

leão

Lew

macaco

Małpa

flamingo

Fleming

papagaio

Papuga

urso polar

Niedźwiedź polarny

pinguim

Pingwin

tubarão

Rekin

pavão

Paw

cobra

Wąż

crocodilo

Krokodyl

guarda do jardim zoológico

Dozorca w zoo

foca

Foka

jaguar

Jaguar

pónei

Kucyk

leopardo

Gepard

hipopótamo

Hipopotam

girafa

Żyrafa

águia

Orzeł

javali

Dzik

peixe

Ryba

tartaruga

Żółw

morsa

Mors

raposa

Lis

gazela

Gazela

futebol americano
Futbol amerykański

ciclismo
Kolarstwo

ténis
Tenis

basquetebol
Koszykówka

natação
Pływanie

hóquei no gelo
Hokej na lodzie

boxe
Boks

futebol
Piłka nożna

badminton
Badminton

atletismo
Lekka atletyka

andebol
Piłka ręczna

esqui
Narciarstwo

polo
Polo

atividades
Działania

saltar
skakać
rir
śmiać się
abraçar
objąć
andar
iść
cantar
śpiewać
sonhar
marzyć
rezar
modlić się
beijar
całować

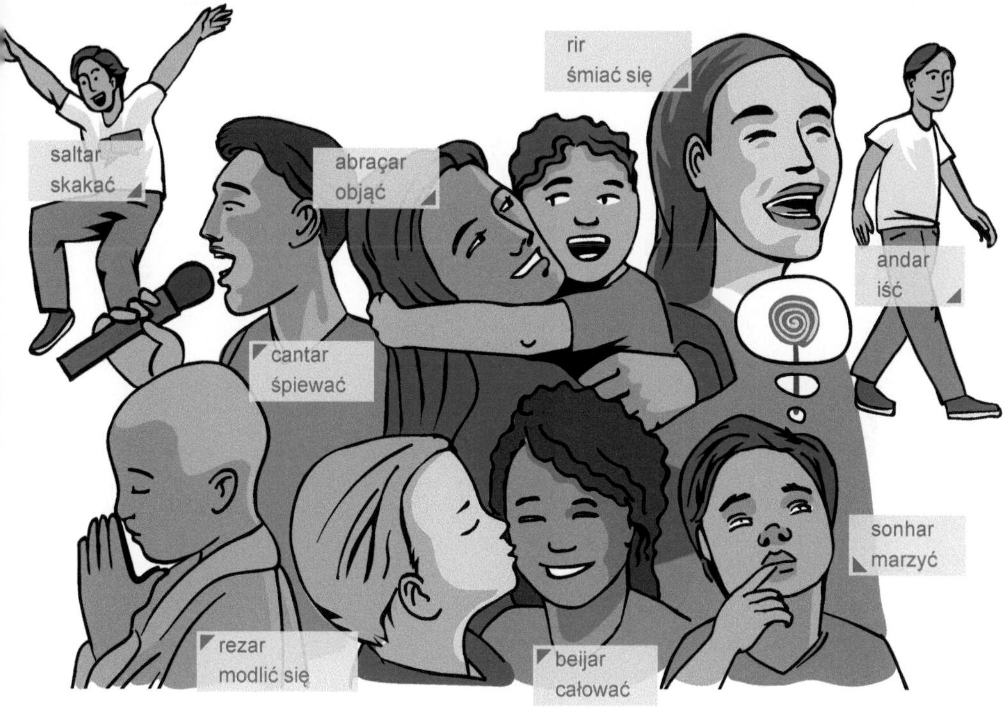

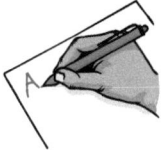

escrever
pisać

desenhar
rysować

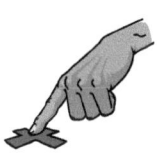

mostrar
pokazywać

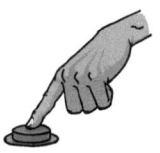

empurrar
nacisnąć

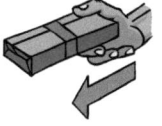

dar
dać

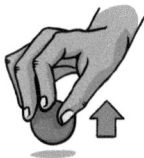

tomar
wziąć

ter

mieć

fazer

robić

ser

być

ficar de pé

stać

correr

biegać

puxar

ciągnąć

remessar

rzucać

cair

spaść

deitar

leżeć

esperar

czekać

carregar

nosić

sentar

siedzieć

vestir

zakładać

dormir

spać

acordar

budzić się

olhar para

spojrzeć

chorar

płakać

acariciar

głaskać

pentear

czesać się

falar

mówić

compreender

rozumieć

perguntar

pytać

ouvir

słyszeć

beber

pić

comer

jeść

arrumar

sprzątać

amar

kochać

cozinhar

gotować

conduzir

jechać

voar

latać

velejar

żeglować

calcular

liczyć

ler

czytać

aprender

uczyć się

trabalhar

pracować

casar

wejść w związek małżeński

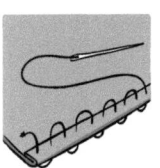

costurar

szyć

escovar os dentes

myć zęby

matar

zabić

fumar

palić tytoń

enviar

wysłać

avó
Babcia

avô
Dziadek

pai
Ojciec

mãe
Matka

bebé
Niemowlę

filha
Córka

filho
Syn

convidado

Gość

tia

Ciotka

tio

Wujek

irmão

Brat

irmã

Siostra

corpo
Ciało

testa
Czoło
olho
Oko
ombro
Ramię
dedo
Palec
cara
Twarz
queixo
Broda
mão
Ręka
peito
Pierś
perna
Noga
braço
Ramię

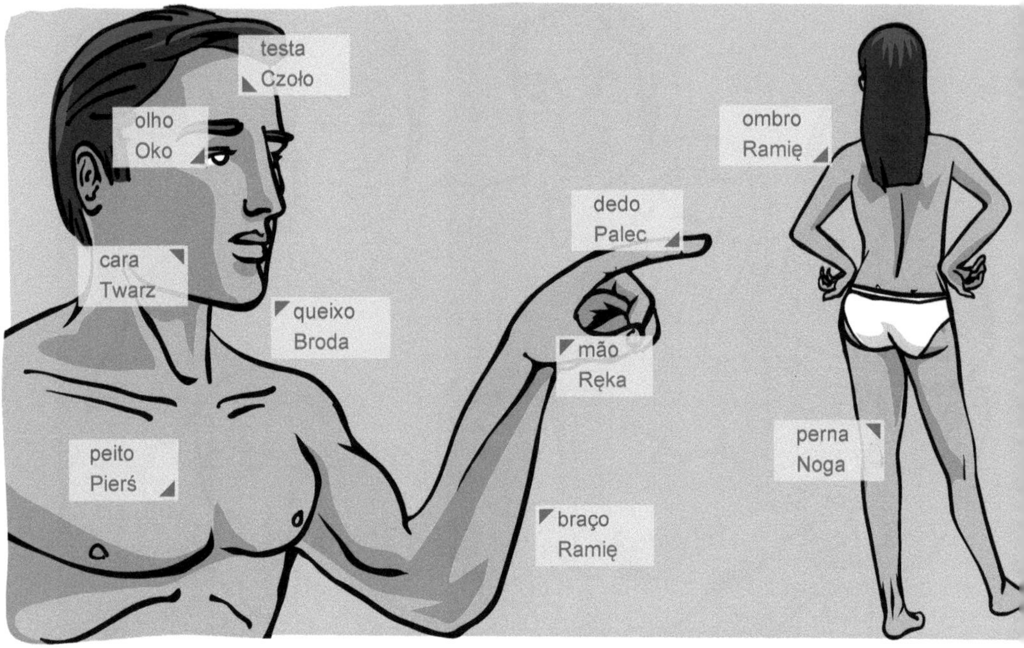

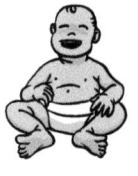

bebé

Niemowlę

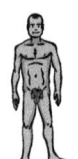

homem

Mężczyzna

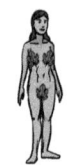

mulher

Kobieta

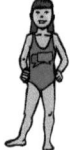

menina

Dziewczyna

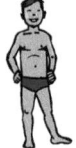

menino

Chłopiec

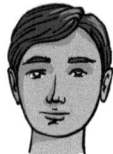

cabeça

Głowa

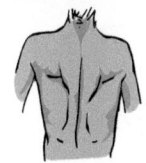

costas

Plecy

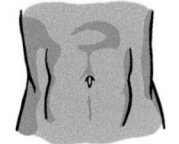

barriga

Brzuch

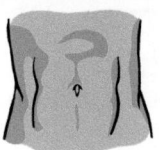

umbigo

Pępek

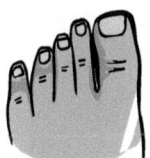

dedo do pé

palec nogi

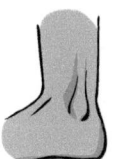

calcanhar

Pięta

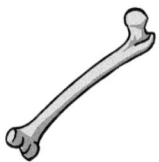

osso

Kość

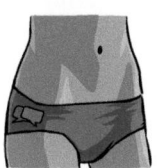

anca

Biodro

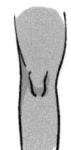

joelho

Kolano

cotovelo

Łokieć

nariz

Nos

nádegas

Pośladki

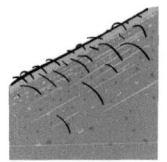

pele

Skóra

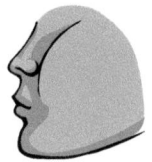

bochecha

Policzek

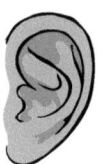

orelha

Uszy

lábio

Warga

boca
Usta

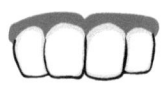

dente
Ząb

língua
Język

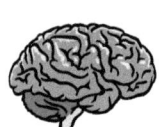

cérebro
Mózg

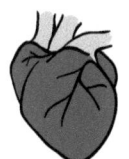

coração
Serce

músculo
Mięsień

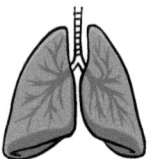

pulmão
Płuca

fígado
Wątroba

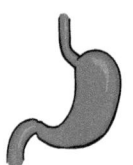

estômago
Żołądek

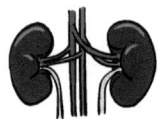

rins
Nerki

relações sexuais
Stosunek płciowy

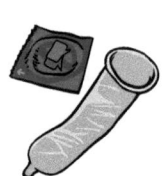

preservativo
Kondom

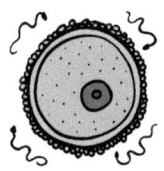

óvulo
Komórka jajowa

esperma
Sperma

gravidez
Ciąża

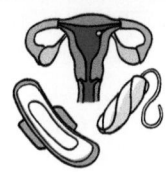

menstruação

Menstruacja

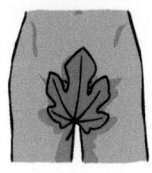

vagina

Wagina

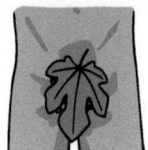

pénis

Penis

sobrancelha

Brew

cabelo

Włosy

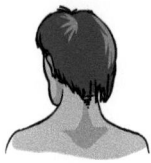

pescoço

Szyja

hospital
Szpital

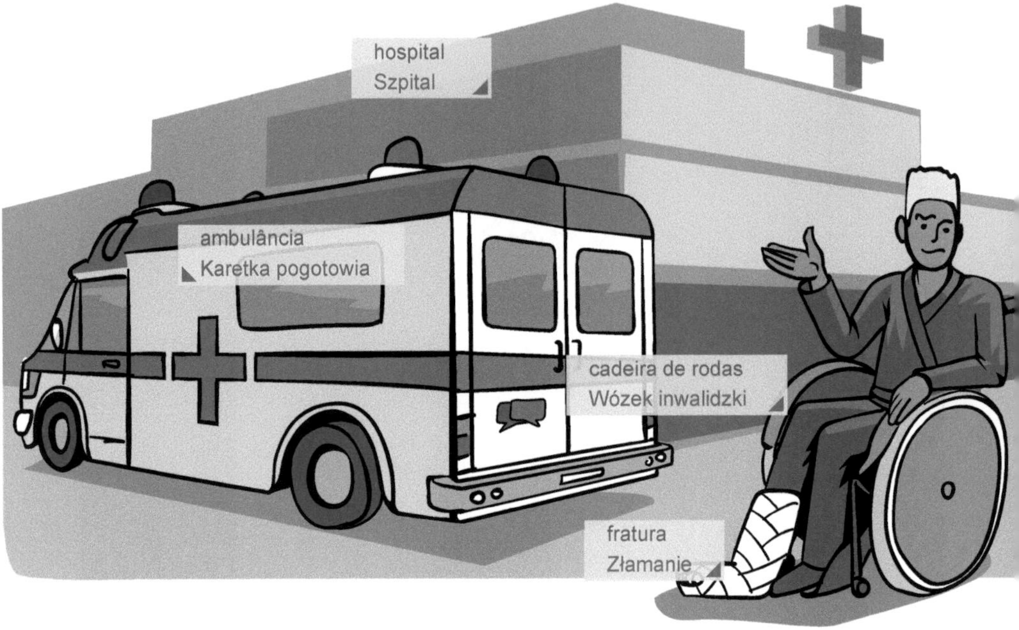

hospital
Szpital
ambulância
Karetka pogotowia
cadeira de rodas
Wózek inwalidzki
fratura
Złamanie

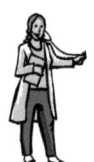

médico
Lekarz

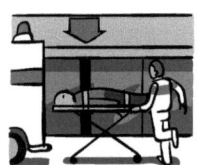

serviço de urgências
Izba przyjęć

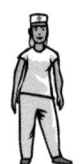

enfermeira
Pielęgniarka

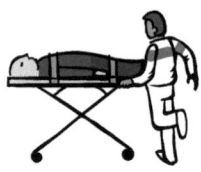

emergência
Nagły przypadek

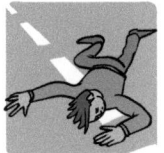

inconsciente
nieprzytomny

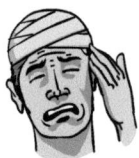

dor
Ból

ferimento

Skaleczenie

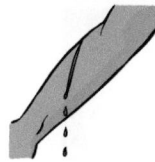

hemorragia

Krwawienie

ataque cardíaco

Zawał serca

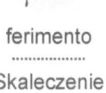

acidente vascular cerebral

Udar mózgu

alergia

Alergia

tosse

Kaszleć

febre

Gorączka

gripe

Grypa

diarreia

Biegunka

dor de cabeça

Ból głowy

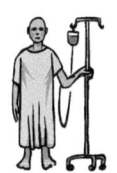

cancro

Rak

diabetes

Cukrzyca

cirurgião

Chirurg

bisturi

Skalpel

operação

Operacja

CT
CT

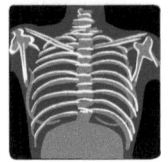

raio x
Rentgen

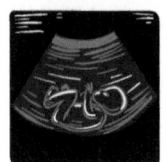

ultrassom
Ultradźwięki

máscara
Maska

doença
Choroba

sala de espera
Poczekalnia

muleta
Kula

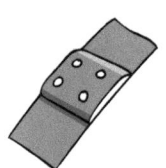

penso rápido
Plaster

ligadura
Opatrunek

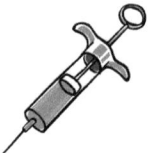

injeção
Iniekcja

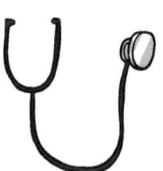

estetoscópio
Stetoskop

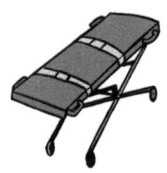

maca
Nosze

termómetro
Termometr

nascimento
Poród

excesso de peso
Nadwaga

aparelho auditivo

Aparat słuchowy

desinfetante

Środek dezynfekcyjny

infeção

Infekcja

vírus

Wirus

HIV / SIDA

HIV / AIDS

medicamento

Medycyna

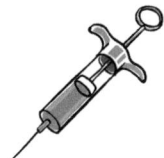

vacinação

Szczepienie

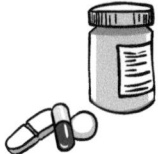

comprimidos

Tabletki

pílula

Piguła

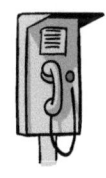

chamada de emergência

Telefon ratunkowy

dispositivo de medição de
pressão arterial

Ciśnieniomierz krwi

doente / saudável

chory / zdrowy

Socorro!

Pomocy!

alarme

Alarm

assalto

Napad

ataque

Atak

perigo

Niebezpieczeństwo

saída de emergência

Wyjście awaryjne

Fogo!

Pożar!

extintor de incêndios

Gaśnica

acidente

Wypadek

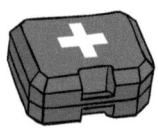

estojo de primeiros socorros

Walizeczka pierwszej pomocy

SOS

SOS

polícia

Policja

Europa

Europa

América do Norte

Ameryka Północna

América do Sul

Ameryka Południowa

África

Afryka

Ásia

Azja

Austrália

Australia

Atlântico

Atlantyk

Pacífico

Pacyfik

Oceano Índico

Ocean Indyjski

Oceano Antártico

Ocean Antarktyczny

Oceano Ártico

Ocean Arktyczny

Polo Norte

Biegun północny

Polo Sul

Biegun południowy

Antártica

Antarktyda

terra

Ziemia

país

Kraj

mar

Morze

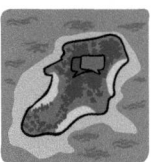

ilha

Wyspa

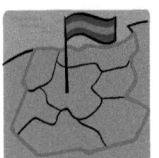

nação

Naród

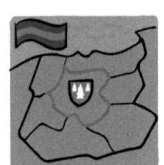

estado

Państwo

mostrador do relógio
Cyferblat

ponteiro das horas
Wskazówka godzinowa

ponteiro dos minutos
Wskazówka minutowa

ponteiro dos segundos
Wskazówka sekundowa

Que horas são?
Która godzina?

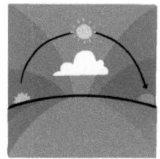

dia
Dzień

tempo
Czas

agora
teraz

relógio digital
Zegarek digitalny

minuto
Minuta

hora
Godzina

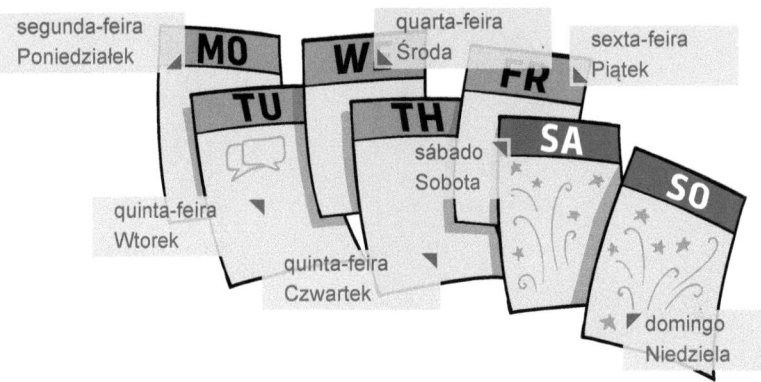

segunda-feira
Poniedziałek
MO

quarta-feira
Środa
W

sexta-feira
Piątek
FR

TU

TH

sábado
Sobota
SA

SO

quinta-feira
Wtorek

quinta-feira
Czwartek

domingo
Niedziela

ontem
....
wczoraj

hoje
....
dzisiaj

amanhã
....
jutro

manhã
....
Rano

meio-dia
....
Południe

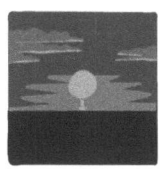

entardecer
....
Wieczór

MO	TU	WE	TH	FR	SA	SU
1	2	3	4	5	6	7
8	9	10	11	12	13	14
15	16	17	18	19	20	21
23	23	24	25	26	27	28
29	30	31	1	2	3	4

dias úteis
....
Dni robocze

MO	TU	WE	TH	FR	SA	SU
1	2	3	4	5	6	7
8	9	10	11	12	13	14
15	16	17	18	19	20	21
22	23	24	25	26	27	28
29	30	31	1	2	3	4

fim de semana
....
Weekend

ano
Rok

chuva
Deszcz
arco-íris
Tęcza
vento
Wiatr
neve
Śnieg
primavera
Wiosna
verão
Lato
outono
Jesień
inverno
Zima

4.APRIL 11°
5.APRIL 4°
6.APRIL 13°
7.APRIL 8°
8.APRIL 10°

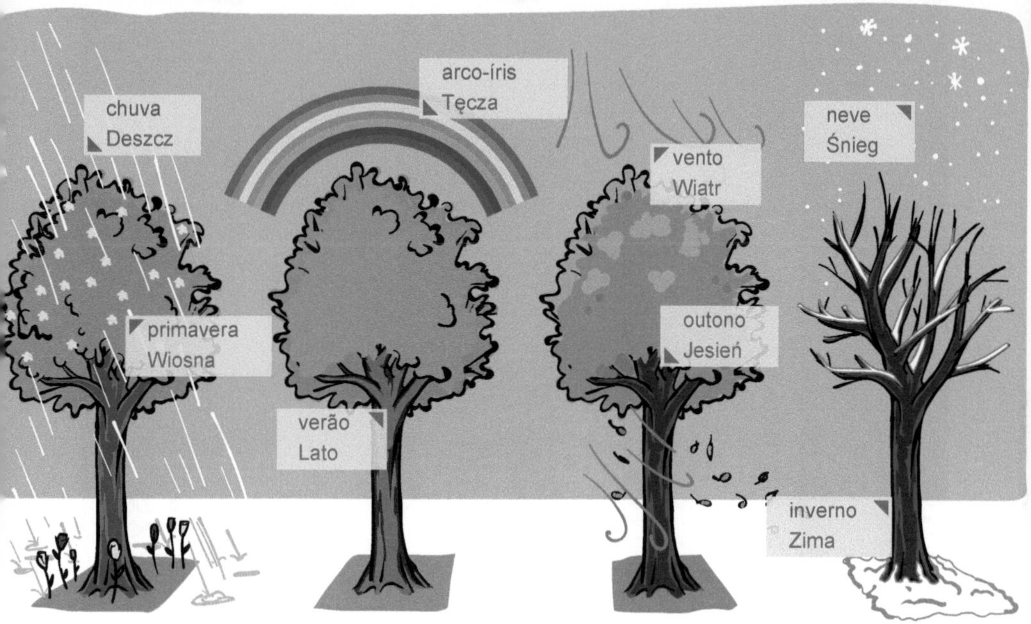

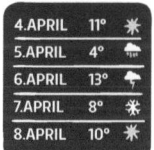

previsão do tempo

Prognoza pogody

F C
120 40
90 30
60 20
30 10
0 0
-30 -10
-20

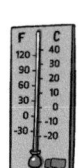

termómetro

Termometr

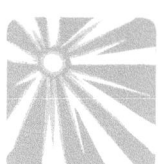

raios de sol

Światło słoneczne

nuvem

Chmura

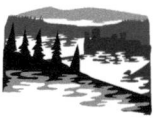

neblina / nevoeiro

Mgła

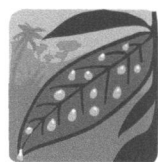

humidade do ar

Wilgotność powietrza

relâmpago

Błyskawica

trovão

Grzmot

tempestade

Sztorm

granizo

Grad

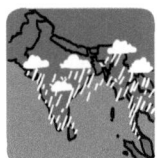

monção

Monsun

inundação

Potop

gelo

Lód

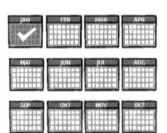

janeiro

Styczeń

fevereiro

Luty

março

Marzec

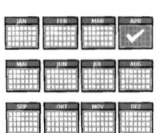

abril

Kwiecień

maio

Maj

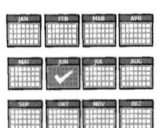

junho

Czerwiec

julho

Lipiec

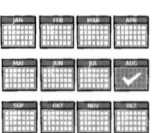

agosto

Sierpień

setembro

Wrzesień

outubro

Październik

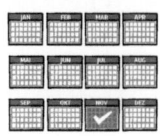

novembro

Listopad

dezembro

Grudzień

formas
Kształty

círculo

Koło

quadrado

Kwadrat

retângulo

Prostokąt

triângulo

Trójkąt

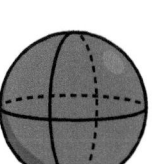

esfera

Kula

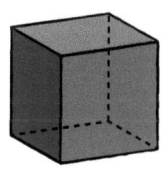

cubo

Sześcian

branco
·················
biały

amarelo
·················
żółty

laranja
·················
pomarańczowy

rosa
·················
różowy

vermelho
·················
czerwony

lilás
·················
liliowy

azul
·················
niebieski

verde
·················
zielony

castanho
·················
brązowy

cinzento
·················
szary

preto
·················
czarny

muito / pouco
dużo / mało

furioso / calmo
wściekły / spokojny

lindo / feio
piękny / brzydki

princípio / fim
początek / koniec

grande / pequeno
duży / mały

claro / escuro
jasny / ciemny

irmão / irmã
brat / siostra

limpo / sujo
czysty / brudny

completo / incompleto
kompletny / niekompletny

dia / noite
dzień / noc

morto / vivo
umarły / żywy

largo / estreito
szeroki / wąski

comestível / não comestível

jadalny / niejadalny

mau / gentil

zły / uprzejmy

entusiasmado / entediado

podniecony / znudzony

gordo / magro

gruby / chudy

primeiro / último

najpierw / na końcu

amigo / inimigo

przyjaciel / wróg

cheio / vazio

pełen / pusty

duro / macio

twardy / miękki

pesado / leve

ciężki / lekki

fome / sede

głód / pragnienie

doente / saudável

chory / zdrowy

ilegal / legal

nielegalny / legalny

inteligente / burro

inteligentny / głupi

esquerda / direita

lewo / prawo

perto / longe

bliski / daleki

novo / usado

nowy / używany

nada / algo

nic / coś

velho / jovem

stary / młody

ligado / desligado

włącz / wyłącz

aberto / fechado

otwarty / zamknięty

baixo / alto

cichy / głośny

rico / pobre

bogaty / biedny

certo / errado

prawidłowy / błędny

áspero / liso

chropowaty / gładki

triste / feliz

smutny / szczęśliwy

curto / longo

krótki / długi

lento / rápido

powolny / szybki

molhado / seco

mokry/suchy

ameno / fresco

ciepły / chłodny

guerra / paz

wojna / pokój

0

zero

zero

1

um

jeden

2

dois

dwa

3

três

trzy

4

quatro

cztery

5

cinco

pięć

6

seis

sześć

7

sete

siedem

8

oito

osiem

9

nove

dziewięć

10

dez

dziesięć

11

onze

jedenaście

12

doze

dwanaście

13

treze

trzynaście

14

catorze

czternaście

15

quinze

piętnaście

16

dezasseis

szesnaście

17

dezassete

siedemnaście

18

dezoito

osiemnaście

19

dezanove

dziewiętnaście

20

vinte

dwadzieścia

100

cem

sto

1.000

mil

tysiąc

1.000.000

milhão

milion

inglês
Angielski

inglês americano
Angielski amerykański

chinês mandarim
Chiński mandaryński

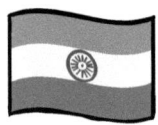

hindi
Hindi

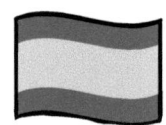

espanhol
Hiszpański

francês
Francuski

árabe
Arabski

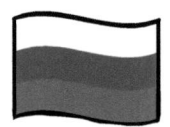

russo
Rosyjski

português
Portugalski

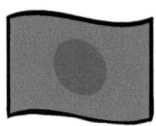

bengalês
Bengalski

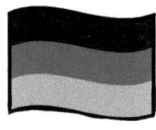

alemão
Niemiecki

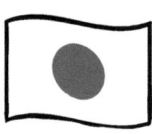

japonês
Japoński

eu

ja

tu

ty

ele / ela

on / ona / ono

nós

my

vós

wy

eles / elas

oni

quem?

kto?

o quê?

co?

como?

jak?

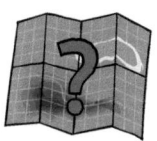

onde?

gdzie?

quando?

kiedy?

nome

Nazwisko

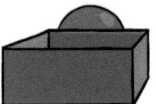

atrás

za

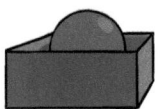

em

w

à frente de

przed

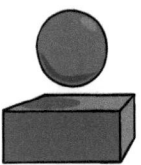

sobre

powyżej

em cima

na

debaixo

pod

ao lado

obok

entre

między

lugar

Miejsce